BARBARA SCHULZ

Wenn Pferde Langeweile haben

KOSMOS ratgeber

Was tut Ihr Pferd den ganzen Tag?

Wie gestalte ich das Pferdeleben erfüllender?

Spielen macht Spaß

Serviceteil

Was tut Ihr Pferd den

ganzen Tag

Haben Sie schon einmal darüber nachgedacht, was Ihr Pferd 24 Stunden am Tag so macht? Es wird gefüttert und geritten – und die restliche Zeit? Ein Pferd schläft nicht die ganze Nacht, sondern nur ein paar Stunden. Was also tut es?

Alleine ist das Leben *langweilig*

Das erste Mal in meinem Leben machte ich mir darüber Gedanken, als ich ungefähr 15 Jahre alt war. Damals hatte ich mein erstes Pony Medistine noch nicht sehr lange.
Er stand in der Reitschule, von der wir ihn gekauft hatten, ausschließlich in der Box, wurde eine Stunde am Tag geritten und hatte Montag auch noch einen Ruhetag.
Kein Wunder, dass er mich zu Beginn jeder Reitstunde ein- bis zweimal abgebockt hat. Glücklicherweise habe ich mir dabei nie ernsthaft weh getan und ich war natürlich trotzdem völlig vernarrt in mein Pony.
Für Medistine tat ich einfach alles. Unterstützt durch Bücher und Fachzeitschriften betrachtete ich seine reine Boxenhaltung und seinen Alltag zunehmend kritisch.
Dann zog eine damalige Freundin von mir mit ihrem Pferd von dieser Reitschule weg in einen Stall, in dem die Pferde stundenweise Gruppenauslauf bekamen. Völlig begeistert erzählte sie mir davon und Medistine und ich zogen hinterher. Seither habe ich mich über Jahre hinweg an die Offenstallhaltung herangetastet.
Auf dem Weg dorthin begegneten mir viele Horrorgeschichten: Pferde, denen bei Rangordnungskämpfen das Röhrbein gebrochen wurde, ein Pony, das auf der Weide tagelang unentdeckt mit einem Zweig im Auge herumlief...
Ich weiß, dass diese Geschichten wahr sind, und ich weiß, dass die Gruppenhaltung mit Risiken behaftet ist. Doch obwohl Meddi in seinem ersten Urlaub eine sehr ernste Verletzung durch einen Tritt erhielt, habe ich es immer wieder riskiert, ihn mit anderen Pferden zusammenzubringen – unter Einhaltung der grundsätzlichen Sicherheitsregeln.

Pferde brauchen Beschäftigung.

Check

Wie wohl fühlt sich Ihr Pferd?

- **Hat Ihr Pferd sowohl Muße als auch Anregung und Abwechslung?**
- **Zeigt es Interesse an seiner Umgebung?**
- **Ist es ausgesprochen sensibel, faul oder ausgeglichen?**
- **Hat es eine Gesundheit „wie ein Pferd“ oder kränkelt es oft?**
- **Möchten Sie mit Ihrem Pferd tauschen?**

Lebensqualität

Ich habe dieses Buch nicht geschrieben, um alle Welt von der Gruppenauslaufhaltung zu überzeugen. Doch dieses Buch soll Sie zum Nachdenken über das Leben und den Alltag Ihres Pferdes anregen. Wie viel Lebensqualität hat Ihr Pferd? Würden Sie mit ihm tauschen? Doch Vorsicht – bei der Beantwortung dieser Fragen fließen leicht Ihre persönlichen Lebensumstände und Ihr Naturell mit ein!

Richtig beobachten

Von daher ist die erste Frage nach der Lebensqualität Ihres Pferdes aus der Sicht des Pferdes wichtig. Dabei sind Ihre Beobachtungsgabe und Ihr Einfühlungsvermögen gefragt. Macht Ihr Pferd einen zufriedenen Eindruck? Wie ist sein Allgemeinzustand? Was sagen sein Gesichtsausdruck, seine Körpersprache? Ein zufriedenes und gesundes Pferd ist munter, ohne dabei hektisch oder nervös zu sein. Ein ausgeglichenes Pferd zeigt Interesse an seiner Umwelt, ohne dabei ängstlich zu wirken. Lässt Ihr Pferd sich gerne putzen und satteln? Oder zuckt es mit der Haut, tritt es nervös hin und her und drückt den Rücken weg (Hohlkreuz)? Das kann von Verspannungen herrühren, die geistiger und / oder körperlicher Natur sind.
Wenn Ihr Perd sich in einer Gruppe auf der Koppel bewegt, ist es dort integriert? Kann es sich entspannt bewegen, ruhen und hat es einen Freund? Oder steht es überwiegend alleine, wird von den anderen weggescheucht und hat über Monate Bisswunden im Fell? Dann müssen Sie vielleicht die Gruppe wechseln. Oder jagt es umgekehrt selbst ständig die anderen? Vielleicht ist es unterbeschäftigt.
Wenn Sie sich die Beurteilung selbst nicht zutrauen, so fragen Sie andere Leute im Stall. Doch überlegen Sie vor-

Tipp

Beurteilen Sie den Gemüts- und Gesundheitszustand Ihres Pferdes nicht nur allein, fragen Sie auch Ihre Reiterfreunde und Stallkollegen.

her, wen Sie fragen und wie dessen Antwort zu bewerten ist. Der vielbeschäftigte, mürrische Reitlehrer wird Sie vielleicht mit einem „Ja ja, dem Pferd geht's gut!" abspeisen, das Pflegemädchen hingegen könnte schon eher sagen, dass „Kasper in letzter Zeit so traurig aussieht". Wichtig ist auch die Beobachtung anderer, wenn Sie nicht im Stall sind. Denn genau das ist Thema dieses Buches: „Was tut Ihr Pferd den ganzen Tag?" Wenn Sie von Ihrem Vierbeiner stets lauthals begrüßt werden und er beim Putzen und Reiten ganz munter ist, kann er ja die restlichen 22 Stunden niedergeschlagen in der Ecke herumstehen oder gar koppen oder weben! Also fragen Sie die anderen – oder nehmen Sie sich die Zeit und beobachten Sie es selbst.

Hier fühlen sich zwei Freunde wohl.

Medistine

Poco Pepe

Unsere Pferde

Medistine ist ein Pony-Araber-Mix und ca. 24 Jahre alt. Ich besitze ihn jetzt seit 19 Jahren. Obwohl er sich nicht gern anfassen lässt, macht er bei der Bodenarbeit interessiert mit und beherrscht ein paar Zirkuskunststückchen. In seiner aktiven Zeit war er ein erfolgreiches Einsteiger-Trailpferd. Vom Naturell her ist er vorsichtig und zurückhaltend.
Er ist von unseren Pferden derjenige, der mich am besten kennt. Wenn ich die Pferde von der Weide hineintreibe, hat er seine eigene Art mich auszutricksen. Während Pepe und Lancelot offene Ausbruchsversuche unternehmen und buckeln um mich herumtoben, bleibt Medistine auf dem Weg zum Stall unauffällig zurück und tut so, als ob er nicht da wäre. Da ich mit Pepe und Lancelot alle Hände voll zu tun habe, funktioniert das auch. Habe ich die beiden Jungen glücklich auf dem Treibweg, muss ich noch mal zurück und den Alten abholen. So erschleicht er sich ein

paar Extra-Grase-Minuten und wirkt als Bremsklotz. Vielleicht arbeiten ja auch alle drei zusammen? Dieses Szenario spielt sich glücklicherweise nur an kühlen, windigen Tagen ab. Ob genug laufen alle drei problemlos nach oben!
Poco Pepe ist sechs Jahre alt und ein Welsh-Mix. Wir kauften ihn als Absetzer aus Mitleid, weil er so mickrig und vernachlässigt war. Trotz langer Krankheit hat er sich zu einem sehr leichtfuttrigen Typ entwickelt. Sein Wesen entspricht seiner Figur: Er hat ein sonniges Gemüt – mit Tendenz zum Panzer. Er stürmt am unerschrockensten auf neues Spielzeug los – oder was er dafür hält. Leider hat er von einem Unfall, den er im Alter von drei Monaten hatte, einen Schaden am Hufgelenk zurückbehalten. So ist er von der Fohlenzeit nahtlos in das Rentnerdasein übergegangen. Seinen Job als Gesellschaftspferd und guter Kumpel erfüllt er gegenüber Medistine und Lancelot gleichermaßen vorbildlich.
Sir Lancelot ist ein 5jähriger Welsh-Cob. Mit 1,5 Jahren haben wir ihn vom Züchter gekauft. Sowohl vom Körperbau als auch vom Wesen her liegt er genau zwischen den beiden anderen. Er ist aufgeschlossen und kontaktfreudig, ohne dabei polterig zu sein.
Der Western-Trainer, der ihn eingeritten hat, meinte zu mir: „Mit dem wirst Du nie Langeweile haben!" Dort öffnete Lancelot einmal das Tor von seinem Paddock zur Weide. Ich prahlte damit,

Sir Lancelot

dass unsere Pferde zu Hause bombensicher eingezäunt sind, weil wir zusätzlich zum Holzzaun drei Reihen E-Zaun gespannt haben. Letztes Jahr lernte Lancelot, mit dem Maul die Torgriffe des E-Zauns auszuheben.
Diese drei Charaktere bilden unsere Testpferde für Spielzeug. Doch viele Beispiele in diesem Buch stammen nicht von unseren Ponys, sondern von den unzähligen Pferden, die ich im Laufe der Jahre in den verschiedenen Pensionsställen kennen gelernt habe.

Die Bedürfnisse

Wenn wir davon ausgehen, dass das Leben in freier Wildbahn ein erfülltes Leben ist, können wir daraus die Grundbedürfnisse eines Pferdes ableiten:

- Gleichmäßige Bewegung über den ganzen Tag
- Wechsel von Aktiv- und Ruhephasen
- Kaubewegung über viele Stunden
- Ständiger Sozialkontakt mit den anderen Herdenmitgliedern
- Erleben von Klimareizen, Jahreszeiten und sexuellem Zyklus.

Die Einschränkungen

Wie werden diese Grundbedürfnisse der Pferde durch uns eingeschränkt?

Bewegung

Pferde in Boxenhaltung werden in ihrer Bewegungsfreiheit stark eingeschränkt. Selbst wenn sie tagsüber Freilauf genießen und „nur" nachts eingesperrt sind, bedeutet das einen Eingriff in ihren natürlichen Rhythmus. Denn Pferde bewegen sich nicht zwölf Stunden, um anschließend für zwölf Stunden zu ruhen!

Dülmener Wildpferde

Negativbeispiel einer Boxenhaltung

Pferde sollen sich ihre Ruhepausen einrichten können.

Selbst die Offenstallhaltung weist Defizite auf. Den Pferden fehlt oft der Bewegungsanreiz, wenn man von einer Ecke aus alles überblicken kann!

Ruhe

Unser Pferd wird von uns geritten, wenn es in unseren Tagesablauf passt. Das passt aber vielleicht nicht in den des Pferdes!
Wenn Sie zu unregelmäßigen Zeiten reiten, dann sollten Sie die gewohnten Ruhezeiten Ihres Pferdes kennen und darauf Rücksicht nehmen. Vielleicht haben Sie selber beobachtet, dass Ihr Pferd immer zwischen 10 und 11 Uhr liegt. Wenn Sie Ihr Pferd dann um 9:30 Uhr satteln, sollten Sie den Ritt etwas gemütlich angehen lassen. Denn eigentlich schläft Ihr Pferd jetzt!

Kaubedürfnis

Für das Kaubedürfnis und den Tastsinn wäre es wichtig, den Pferden 24 Stunden am Tag Raufutter zur Verfügung zu stellen. Das ist jedoch nicht immer möglich.
Viele Pferde werden also zweimal am Tag gefüttert. Selbst wenn wir sie durch Mineral- und Zusatzfuttergaben mit allem versorgen, was sie körperlich brauchen, bleiben doch noch viele Stunden des Tages übrig, an denen die Pferde psychisch „Hunger“ leiden.

Zudem wird das Futter von uns vorgesetzt und nicht vom Pferd ausgewählt. Unsere Weiden sind hierzulande arm an Gräserarten und Kräutern.

Sozialkontakt

Auch der Sozialkontakt gestaltet sich bei unseren Pferden anders als in der freien Wildbahn. Selbst wenn die Pferde ganztägig Auslauf in der Gruppe genießen dürfen, ist dies in den seltensten Fällen eine natürlich gewachsene Herde.
Das Zusammenleben verschiedener Rassen kann Probleme mit sich bringen.

Klimareize

Robust gehaltene Pferde erleben den Tageszeiten- und Jahreszeitenwechsel. Ihnen genügt ein trockener und windgeschützter Platz, den sie bei Bedarf aufsuchen können. Pferde sind keine Höhlenmenschen sondern Steppentiere! Klimareize sind wichtig für die Gesunderhaltung des Organismus. Dieser muss jedoch die Möglichkeit erhalten, sich darauf einzustellen. Problematisch ist das bei Pferden, die nachts in einem geschlossenen Stall gehalten werden, der sich durch die Pferde aufheizt. Sie bilden zu wenig Fell und Widerstands-

Sozialkontakt ist wichtig.

Ausreichend Raufutter befriedigt das Kaubedürfnis.

Check

Wie artgerecht lebt Ihr Pferd?

- **Wie viele Stunden am Tag kann Ihr Pferd sich frei bewegen?**
- **Wird es regelmäßig gearbeitet?**
- **Kann Ihr Pferd ungestört Mittagsschlaf halten?**
- **Wie viele Stunden ist es mit der Futteraufnahme beschäftigt?**
- **Wie viele Stunden hat es Kontakt mit Artgenossen?**
- **Ist Ihr Pferd gut in die Herde integriert?**
- **Wie viele Stunden am Tag verbringt Ihr Pferd im Freien?**
- **Ist der Stall luftig und hell, hat Ihr Pferd eine Außenbox mit halber Tür?**

kraft. Wenn sie dann tagsüber auf einer Koppel ohne Unterstand Wind und Wetter ausgesetzt sind, besteht Erkältungsgefahr. Doch wenn ich mein Pferd nachts in der Box habe, warum baue ich dann nicht konsequenter Weise auf der Koppel einen Unterstand? Dann brauche ich mir im Büro keine Sorgen zu machen, ob die Pferde bei Regen auch hereingeholt und bei Sonnenschein wieder hinausgelassen werden.

Bei Wind und Wetter draußen, das hält gesund.

Wie gestalte ich das

Pferde leben erfüllender?

Die wenigsten von uns sind in der Lage, ihr Pferd optimal zu halten. Selbst wenn die Pferde am Haus im Offenstall gehalten werden, können Defizite vorhanden sein. Ich hoffe, dass dieses Buch zur Anregung genommen wird, über die Situation nachzudenken und das Leben unserer Pferde täglich ein klein wenig zu verbessern. Jeder im Rahmen seiner Möglichkeiten!

Anteil nehmen lassen an der Umwelt

Pferde sind von Natur aus neugierig. Befriedigen wir also diese Neugier, indem wir sie Anteil nehmen lassen an dem Geschehen um sie herum. Pferde auf der Koppel sehen oft nach Spaziergängern, vorbeifahrenden Traktoren etc. Pferde in Außenboxen mit halber Tür können am Leben im Hof teilhaben. Unsere Pferde haben unsere Bauarbeiten stets mit großem Interesse verfolgt. Wenn wir am Koppelzaun gebaut haben, mussten wir sie oft wegsperren, damit sie nicht mit dem Werkzeug im Maul verschwanden ... Wenn wir das Auto auf der Koppel brauchten, wurde in die Scheibenwischer gebissen! Die Hupe, die wir zum Protest einsetzten, wurde ignoriert. So viel zum Thema Fluchttier!

Aussicht

Boxenpferde nehmen es gerne an, wenn man für einige Zeit die Boxentür öffnet und nur durch einen Führstrick in Brusthöhe absperrt. Sie können dann den Kopf in die Stallgasse stecken, ihre Neugier befriedigen und sehen, was vor sich geht. Dies sollte zunächst nur unter Aufsicht praktiziert werden, bis das Pferd den Führstrick als Absperrung sicher akzeptiert. Ferner darf der Betrieb in der Stallgasse nicht durch das Pferd gestört werden, indem es z. B. nach vorbeigehenden Stallgenossen schnappt.

Wenn Pferde Langeweile haben ...

Box mit Aussicht

Abwechslung macht schlau

Pferde brauchen und wollen geistige Anregung. Ich halte es für richtig und wichtig, dem Pferd alles Mögliche zu zeigen und unter die Nase zu halten. Das Pferd lernt dabei, dass es aus Menschenhand nicht nur Fressbares bekommt, und prüft die angebotenen Dinge auf ihre Genießbarkeit. Das könnte hilfreich sein, wenn beispielsweise einmal aus Versehen schimmliges Brot angeboten wird.

Johnny war ein fürchterlich verzogenes und verwöhntes Pferd. Ständig bekam er Leckerbissen zugesteckt. Einmal saß ich am Rand des Reitplatzes und packte mein Wurstbrot aus. Vom Knistern der Tüte angelockt, kam Johnny zu mir, der neben dem Reitplatz gegrast hatte. Ich hielt ihm die leere und nach Salami riechende Tüte hin, um ihm zu zeigen, dass das nichts für ihn sei ... Ich musste meinen Arm fast bis zum Ellenbogen in sein Maul stecken, um ihm die Tüte kurz vorm Herunterschlucken wieder zu entreißen!
Er war durch falsche Erziehung gierig geworden. Er kam gar nicht auf die Idee, man könnte ihm etwas Nichtfressbares hinhalten.

Erfahrungen machen

Ein weiteres Beispiel für geistige Unbeweglichkeit war Wotan, ein ehemaliger Boxennachbar von Medistine. In einem Winter goss ich Meddi des öfteren Kräutertees über das Futter, die ich mit Honig versüßte. Einmal ließ ich die Honigreste am Löffel nicht von Medistine ablecken, sondern steckte ihn Wotan durch die Gitterstäbe. Er versuchte zweimal, von dem Löffel abzubeißen und gab dann auf. Er war nicht in der Lage, den Honig abzulecken! Wotan bekam seit Jahren nur Vollpellets und etwas Stroh, kein Heu und kam höchstens 1x pro Woche zum Freilaufen auf die Koppel, und dann immer allein. Abgesehen von der nicht artgerechten Haltung

wurde scheinbar auch sein Arbeitsalltag als M-Dressurpferd nicht interessant und motivierend genug gestaltet. Sein Besitzer war in den seltensten Fällen zufrieden mit den Turnierergebnissen und es versetzte Wotan nicht in die Lage, das Löffelproblem zu lösen. (Nicht, dass ich immer alles richtig gemacht hätte ...)

Achtung Gespenster

Manche Pferde regen sich auch künstlich auf und suchen förmlich nach Gespenstern, vor denen sie Angst haben können. Dies kann ein Zeichen von Langeweile sein. Von daher sollte man diesen Pferden immer wieder neue Sachen präsentieren. Auf der anderen Seite muss man klarstellen, dass ansonsten ein konzentriertes Arbeiten oder ein ruhiger Ausritt angesagt ist und es nicht andauernd aufregende Abenteuer zu überstehen gilt!
Der Paint-Wallach einer Freundin ist ein gutes Beispiel für die positive Konditionierung auf Gespenster. Doc-a-Jess lässt sich ganz friedlich und verlässlich ausreiten (wenn man von seinem Pfützen-Problem absieht).
Entdeckt er unterwegs etwas Unbekanntes, so steuert er mit gespitzten Ohren geradewegs darauf zu. Dabei geht er auch querfeldein und durchs Gebüsch – aber natürlich nur, wenn seine Besitzerin ihn lässt!

„Monster" kennen lernen macht sicher.

Starke Nerven ...

Keine Angst vorm Arzt

Kranke und behandlungsbedürftige Pferde sollten sich stets von der Harmlosigkeit von Salben, Verbänden etc. überzeugen dürfen. Ich halte nichts davon, wenn sich der Tierarzt mit der Spritze hinterm Rücken anschleicht und das Pferd dann überrumpelt. So wird das Pferd grundsätzlich misstrauisch gegen den Tierarzt, auch wenn dieser das Pferd nur untersuchen will. Wenn es sich nicht um einen Notfall handelt, so ist die langfristige Erziehung und Beziehungspflege zum Tierarzt wichtiger als die momentane Spritze. Ist Ihr Arzt uneinsichtig, sollten Sie über einen Wechsel nachdenken. Erst vor ein paar Wochen ist eine wunderschöne Geschichte passiert. Lancelot lahmte (das war natürlich nicht so wunderschön) und sollte geröntgt werden. Wir gingen mit ihm in unser Torhaus, weil es dort etwas dunkler ist und die Tierärztin so das Zielkreuz auf dem Gelenk besser erkennen konnte. Dort gibt es keine Anbindemöglichkeit. Unser Sohn Vincent saß in einiger Entfernung im Kinderwagen, während ich Lancelot am Führstrick hielt. Bald wurde es Vincent zu langweilig und ich musste ihn auf den Arm nehmen. Lancelot stand alleine und unangebunden völlig ruhig, während die Tierärztin ihm die Beine sortierte und ihn ohne meine Hilfe zu Ende röntgte! Ich war völlig begeistert von diesem Pferd! Ich habe den Eindruck, dass Lancelot der Familienanschluss sehr gut bekommt. Ich versuche, mich wenigstens jeden zweiten Tag mit ihm zu beschäftigen – und damit meine ich nicht unbedingt die großen Dinge wie

Reiten und Rangordnungsklärung, sondern einfache, kleine Dinge wie ein Spaziergang um die Kirche, 20 Minuten an der Longe, etwas Bodenarbeit,... Je mehr ich das tue, desto mehr wird aus dem ungestümen Halbstarken ein verlässlicher Partner. Grundsätzlich nimmt das Pferd durch die Einbeziehung in das Alltagsgeschehen stärkeren Anteil an seiner Umwelt, sein Geist wird angeregt und sein Horizont erweitert. Dadurch wird es auch ausgeglichener und kann, wie man an Lancelot sieht, Gelassenheit entwickeln.

C *Check*

Erfahrungen machen

- **Kann Ihr Pferd aus dem Fenster oder über den Zaun dem täglichen Betrieb zusehen?**
- **Geben Sie ihm die Möglichkeit, Veränderungen in seiner Umgebung genauer zu untersuchen (z. B. am neu aufgestellten Sonnenschirm schnuppern)?**
- **Konfrontieren Sie Ihr Pferd bewusst mit unbekannten Dingen (Baustellen ansehen, Regenschirm aufspannen, ...) ?**

...sind in jeder Reitweise von Vorteil.

Gleichmäßige Bewegung

Je stärker wir die freie Bewegung eines Pferdes einschränken, desto mehr müssen wir aktiv für Ausgleich sorgen. Je mehr Bewegungsmöglichkeit ein Pferd ohne den Menschen erhält, desto mehr kann dieser sich in seiner Verantwortung zurückziehen. Wenn Sie Ihr Pferd nicht im Gruppenauslauf halten, so gibt es in Ihrer Reitanlage vielleicht einen Longierzirkel? Wenn Ihr Pferd die Einfriedung akzeptiert, so nutzen Sie doch diese als Koppel, während Sie ausmisten oder im Casino sitzen. Können Sie ein Pflegemädchen engagieren, das mit Ihrem Pferd grasen oder spazieren geht?

Eigentlich bin ich ein Gegner von Pferdeführanlagen. Doch bevor ein Pferd den ganzen Tag in der Box steht, sollte es lieber in einer Führanlage bewegt werden, besonders, wenn diese freie Sicht auf die Umgebung erlaubt.

Wenn Sie die Möglichkeit haben, lassen Sie sich Ihr Pferd nach dem Reiten noch auf dem Platz oder in der Halle wälzen und frei herumstromern. Das trägt sehr zu seinem Wohlbefinden bei und bringt Puls und Atmung zur Ruhe. In dieser Zeit können Sie Futter zurecht machen, das Sattelzeug wegräumen,...

Wenn die Zeit zum Reiten nicht reicht oder auch mal die Lust fehlt, ist das Freilaufen auf dem Platz eine willkommene Abwechslung.

T Tipp

Vorsicht! Ein „Kaltstart" aus der Box mit sofortigem Herumspringen ist Gift für die Gelenke! Führen Sie Ihr Pferd wenigstens zehn Minuten im Schritt, bevor Sie es zum Freilaufen sich selbst überlassen oder gar zum Austoben ermuntern.

Wildpferde auf Wanderschaft

Gestaltung der Box

Die Anforderungen an eine Box sind allgemein bekannt: groß, hell und luftig soll sie sein, mit Blick- und Nasenkontakt zum Nachbarn. Viele Boxen erfüllen diese Bedingungen leider nicht. Falls Ihre Box kein Fenster nach draußen hat, dürfen Sie das ändern? Elektrisches Licht kann notfalls einen dunklen Stall erhellen. Es sollte dann den ganzen Tag brennen.
Wenn Sie nicht gleich umziehen wollen, können Sie auf andere Weise Verbesserungen erzielen. Frisches Stroh sorgt für Beschäftigung, ebenso ein Birkenzweig (siehe auch „Knabberäste"). Achten Sie in jedem Fall auf peinlichste Sauberkeit – schließlich verbringt Ihr Pferd den Großteil seines Lebens auf diesen Quadratmetern! Einem Pferd in Kalifornien wurden Führstricke in die Box gehängt. Es hat zu gerne die Knoten darin mit den Zähnen geöffnet. Die Bürste eines Straßenbesens an die Wand geschraubt, wird gern als Gelegenheit zum Schubbern wahrgenommen. Lancelot hat diesen Sinn leider nicht verstanden und stattdessen die so verlockend roten Borsten mit den Zähnen herausgezogen. Ich bin dann auf einen Schrubber mit sehr kurzen Borsten umgestiegen.

T Tipp

Wenn Sie Ihrem Pferd in der Box Äste oder Spielzeug anbieten, befestigen Sie alles an den Gitterstäben. Sonst könnte Ihr Pferd sich beim Wälzen verletzen oder aus Platzmangel gar nicht erst hinlegen.

Dieser großzügige Auslauf wird noch durch Hindernisse aufgelockert.

Gestaltung des Paddocks und des Unterstandes

Wie schon gesagt: Ein flacher, rechteckiger Paddock ist besser als gar kein Paddock, aber langweilig. Die Pferde müssen zum Laufen animiert werden. Wenn man den gesamten Paddock von einer Ecke aus vollständig im Blick hat, warum dann bewegen?

Freie Bewegungsmöglichkeiten schaffen Wohlbefinden.

Bewegungsanreize bieten

Hindernisse animieren zum Drumherum-Laufen und lockern optisch die Landschaft auf. Bäume sind dafür hervorragend geeignet und spenden auch noch Schatten. Sie müssen dringend vor Verbiss geschützt werden! Unsere Pferde haben bereits zwei Birken auf dem Gewissen. Einen jungen Pflaumenbaum haben sie in einer Nacht, in der sie das Gras im Obstgarten abweiden sollten, gleich mit abgeweidet. Es war eigentlich nur noch der Stamm übrig und mir stand eine Ehekrise ins Haus! Seltsamerweise scheint dem Bäumchen dieser etwas brutale Rückschnitt gut bekommen zu sein. Es trieb sofort wieder aus und sieht inzwischen sogar besser aus als die neue Pflaume, die ich zur Entschädigung kaufen musste. Dennoch sind die Obstbäume seither eingezäunt...

Holunderbüsche sind ebenfalls gut geeignet. Sie werden baumgroß und können damit ebenfalls Schatten spenden. Unsere Pferde laufen auch gerne zwischen den dicht beieinander stehenden Büschen hindurch. Dabei streifen die Äste am Körper entlang. Sie scheinen dieses Kratzen gern zu haben und verscheuchen eventuell auch Fliegen damit. Die meisten Pferde wissen, dass Holunder ihnen nicht bekommt und lassen ihn in Ruhe.

Auch Zaunelemente auf der Koppel, die z. B. bei Bedarf zur Abgrenzung eines

Reitplatzes dienen, oder fest eingegrabene Schubber-Pfosten erfüllen den Zweck des Bewegungsanreizes.
Pepe hatte in einem Pensionsstall einen Haflinger zum Freund. Diesen forderte er immer zum Nachlaufen auf oder trieb ihn im Spiel vor sich her. Dabei liefen sie wieder und wieder um die Absperrung zum Reitplatz herum.
Aber auch ohne Hindernisse lässt sich einiges erreichen, indem z. B. das Heu in möglichst großer Entfernung zum Wasser gegeben wird. Das kann sich allerdings bei der täglichen Versorgung als umständlich erweisen. Wir haben bei uns im Innenhof zwischen Heuplatz und Tränke nur etwa zehn Meter, weil sich das so anbietet und praktisch ist. Wägen Sie selbst die Vor- und Nachteile ab.

Mit Hilfe des feststehenden Zaunelementes kann der Reitplatz bei Bedarf komplett abgesperrt werden.

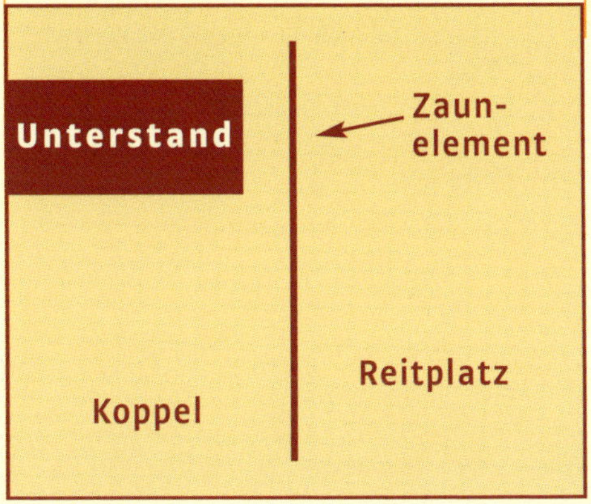

Dieser Paddock ist vorbildlich sauber und verletzungssicher.

Platzierung und Gestaltung des Unterstandes

Nach Möglichkeit sollten die Pferde auch hinter den Unterstand gehen können. So kann der Unterstand je nach Witterung optimal genutzt werden.
Diesen Vorteil konnte ich in einem Pensionsstall feststellen. Die Pferde standen im Winter zu gerne an der Rückwand, wenn diese von der Sonne beschienen wurde.
Außerdem habe ich den Eindruck, dass die Pferde, obwohl Herdentiere, sich auch mal aus dem Weg gehen wollen. Manchmal möchten sie alleine dösen. Und das heißt idealerweise, auch außer Sicht gehen können, also z. B. hinter den Unterstand.

T Tipp

Pferde in ständiger Gruppenauslaufhaltung wollen sich auch mal aus dem Weg gehen. Ich denke, je kleiner der Auslauf ist, desto wichtiger wird die Möglichkeit für die Pferde, auch außer Sicht gehen zu können.

Platz für ein bisschen Ruhe

Die Gorillaforscherin Diane Fossey beobachtete, dass das ranghöchste Männchen, der Silberrücken, sich ab und zu von seiner Gruppe trennte und ein paar Tage allein lebte. Jedes Mal musste er dann den jungen Emporkömmling, der sich in seiner Abwesenheit zum Chef ernannt hatte, erst wieder in seine Schranken weisen. Das war ihm der kleine Urlaub aber scheinbar wert. Fossey vermutete, dass er als Leittier tatsächlich mal eine Pause brauchte.

In freier Wildbahn würde vermutlich kein gesundes Pferd auf die Idee kommen, allein außer Sichtweite der Herde zu gehen. Doch unsere Pferde scheinen sich in der relativen Enge eines Paddocks auch mal auf den Geist zu gehen.

Bei Streitigkeiten braucht man Platz zum Ausweichen.

Platz für alle

In einem Pensionsstall gab es mehr Reibereien in der Gruppe, als in den Ställen, die ich bis dahin gekannt hatte. Pepe ließ sich mit seinem sonnigen Gemüt nicht erschüttern. Er hatte ständig Löcher im Fell, doch in seinem jugendlichen Idealismus war er scheinbar der Meinung, dass alle Pferde gleich geboren sind und daher ein gleiches Recht auf die Nutzung des Unterstandes haben! Sooft er auch hinausgeworfen wurde, war er immer genauso schnell wieder drinnen! Medistine traf es hingegen besonders hart, da er sich überhaupt nicht in den Unterstand traute. Ein Vordach, das ihm etwas Schutz gewährt hätte, fehlte leider auch. Als an einem Wochenende im November am Freitagabend ein Dauerregen mit unangenehm kaltem Wind einsetzte und ich am Sonntagvormittag ein durchgeweichtes und zitterndes Häuflein Elend in einiger Entfernung vom Unterstand vorfand, sah ich mich gezwungen, noch

T Tipp

Ein rangniederes Pferd muss unter Druck dem Ranghöheren gebührend ausweichen können, also eine angemessene Distanz zwischen sich und den anderen bringen können, bis der Rauch sich verzogen hat.

Hier wird keiner in die Ecke gedrängt.

am selben Tag eine neue Bleibe zu finden. Ansonsten war dieser Stall penibel gepflegt, so dass es mir leid tat, auszuziehen. Meiner Meinung nach war die Anzahl der Tiere zu groß für die Fläche des Paddocks und auch der Unterstand zu klein.
In den Unterstand hinein zählt beim Außer-Sicht-Gehen nicht! Diese in der Regel knapp bemessene Fläche ist oft keine stressfreie Zone, speziell für Ranniedere. Medistine traute sich in den meisten Pensionsställen nicht in den Unterstand. Ich habe nie beobachtet, dass Rangniedere die Gelegenheit nutzen, sich unterzustellen, wenn der Oberboss und sein Gefolge gerade am anderen Ende des Paddocks dösen. Für solche Pferde ist ein weit vorgezogenes Vordach äußerst wichtig! So stehen sie wenigstens einigermaßen geschützt. Eine freie Fläche hinter dem Unterstand ist, schon rein optisch, nicht so beengt und stressbeladen. Diese kann daher besser als Erholungszone genutzt werden.

Der richtige Futterplatz

Um die Situation im Unterstand möglichst entspannt zu halten, darf dort unter keinen Umständen gefüttert werden! Der Futterneid während der Fütterungszeiten kann sich schnell auf die restliche Zeit des Tages ausweiten. Der Chef verteidigt den Fressplatz und lässt dann auch die restliche Nacht bei Regen niemanden herein!

Dies ist ein geräumiger Unterstand.

Tipp

Eine Trennwand im Unterstand muss so hoch sein, dass die Pferde sich nicht sehen können.

Draußen füttern

Das Heu füttere ich in der Regel außerhalb der Scheune auf einer Betonplatte im Innenhof. So fressen die Pferde rückengerecht vom Boden und treten nichts in den Matsch. Es geht ausgesprochen wenig Heu verloren. Da ich das Heu entlang der Mauer zum Nachbarn verteile, bietet sich auch wenig Möglichkeit, sich darüber zu stellen und hineinzupinkeln. Ich habe mit dieser Fütterung sehr gute Erfahrungen gemacht. Doch leider gibt es diese windigen Tage, an denen ich mit dem Heu eher die umliegenden Dörfer als unsere Pferde versorge, wenn ich draußen füttere. Da aber aus pferdepsychologischer Sicht Fress- und Ruhebereich getrennt werden sollen, haben wir den Pferden noch einen weiteren Teil in der Scheune eingeräumt und zur „begehbaren Heuraufe" umfunktioniert. Bei Wind und an besonders hässlichen Regentagen wird also drinnen serviert.

Größe des Unterstands

Ideal ist es, wenn der Unterstand sehr großzügig bemessen wird. Die allgemein angegebenen Richtlinien erwiesen sich für Medistine stets als zu beengt. Die Fläche, die unseren Pferden jetzt in der Scheune zur Verfügung steht, ist schon wieder übertrieben und der blanke Luxus. Aber wir haben den Platz nun einmal und Medistine legt sich sogar neben den stehenden Lancelot! Im Heufütterungsbereich legt sich keiner der drei hin.

Wenn der Platz nicht reicht, kann eine Trennwand im Unterstand ebenfalls zur Entspannung beitragen. So können Chef und Schlusslicht direkt nebeneinander stehen, durch die Wand getrennt, ohne dass es zu Streitereien kommt. Eine Trennwand hilft aber nur, wenn nicht zu viele Pferde in den Unterstand wollen. Sonst stehen zu beiden Seiten der Trennwand ranghohe Pferde und ein Typ wie Medistine hat wieder das Nachsehen. In diesem Fall: Vordach!
In einem Pensionsstall wurde noch ein zweiter Unterstand gebaut. Das half jedoch nicht, da die beiden Unterstände zu weit voneinander entfernt waren und der Herdentrieb dann scheinbar doch überwog. Die Rangniederen standen lieber draußen vor dem Unterstand, in dem sich der Chef aufhielt, als den zweiten zum Schutz aufzusuchen. Vielleicht hätte es funktioniert, wenn die Unterstände einander gegenüber gelegen hätten?

C Check

Der artgerechte Offenstall

- **Gibt es Hindernisse auf der Koppel zum Drum-herum-Laufen?**
- **Sind „Wege“ angelegt, die die Pferde zurücklegen müssen?**
- **Kann sich Ihr Pferd ausreichend unterstellen oder wird es immer verjagt?**
- **Gibt es genügend trockene Liegeplätze, auch in der nassen Jahreszeit?**

Heuraufen sind praktisch.

Pferde brauchen im Sommer auch Schatten!

Licht und Schatten

Tageslicht ist wichtig für die Gesundheit! Es steigert das Wohlbefinden, stärkt die Abwehrkräfte und regt die körpereigene Produktion von Vitamin D an. Pferde, die tagsüber draußen gehalten werden, bekommen genügend Licht. Pferden, die überwiegend im Stall stehen, kann man mit großen Fenstern und/oder elektrischem Licht helfen. Im Sommer wird Schatten genauso wichtig! Ich finde es brutal, die Tiere in glühender Hitze schmoren zu lassen. Sie leiden darunter genauso wie wir! Lassen Sie Ihre Pferde lieber tagsüber im Stall und nur nachts auf die Weide oder den Sandauslauf, wenn Sie dort keinen Unterstand bauen wollen und keine Bäume vorhanden sind. Das Risiko, einem Dieb oder Pferdestecher zum Opfer zu fallen, ist vermutlich größer, als wenn die Pferde nur tagsüber draußen sind. Dennoch kann es keine Lösung sein, die Tiere mittags in der prallen Sonne stehen zu lassen, um sie über Nacht in den dann aufgeheizten Stall zu bringen, wenn es draußen endlich kühl wird. Es gibt zwei weitere Vorteile, wenn die Pferde tagsüber am oder im Stall gehalten werden: Sie sind zum Reiten schneller verfügbar und nicht so vollgefressen.

T Tipp

**Wenn Sie die Pferde im Hochsommer tagsüber auf der Weide lassen wollen, müssen Sie vielleicht keinen kompletten Unterstand bauen.
Ein aufgeständerter Lattenrost, der Halbschatten spendet, bringt schon Erleichterung.**

Ganz „Pferd" sein

Leider gibt es Reiter, die ihr Pferd in seiner aktiven Zeit als reines Boxenpferd halten und ihm dann im Alter plötzlich das Gnadenbrot auf einer Weide mit Pferdegesellschaft gönnen wollen. Doch viele dieser Pferde verkraften einen solch extremen Wechsel gar nicht, da ihnen nie (oder viele Jahre nicht) die Gelegenheit gegeben wurde, dieses andere Leben genießen zu lernen. Wenn Sie in Ihrem Stall nicht die Möglichkeit haben, Ihr Pferd mit anderen zusammen auf die Weide zu lassen, dann schicken Sie es doch vielleicht jedes Jahr für ein paar Wochen in den Urlaub. Sie können diese Zeit ohne Pferd dazu nutzen, selbst in den Urlaub zu fahren oder endlich einmal Dinge tun, zu denen Sie sonst nicht kommen! Betrachten Sie Ihr Pferd nicht nur als schützenswertes Opfer (oder Wertgegenstand), das es vor allen Gefahren zu behüten gilt, sondern als eigenständiges Lebewesen, das ein Anrecht darauf hat, neue Erfahrungen zu machen. Nachdem Sie eine passende Urlaubsweide gefunden haben (sichere Einzäunung, Bäume oder Unterstand, tägliche Kontrolle, etc.), sollten Sie sich jedoch zunächst davon überzeugen, dass Ihr Vierbeiner sich einigermaßen einlebt, bevor Sie dann nach Hawaii fliegen! Im folgenden Jahr wird dieser Schritt Ihnen und Ihrem Pferd vermutlich schon leichter fallen.
Solch ein Urlaub kann helfen, das Pferd psychisch und physisch stabil zu halten.

Pferde unter sich

Ein ausgeglichenes Pferd lässt sich von einem Regeschirm nicht erschrecken.

Spazieren gehen

Ich finde es immer wieder schön, mit meinem Pferd spazieren zu gehen. Dabei gehe ich dann Wege, die ich auf einem Ausritt nicht unbedingt einschlage, zum Beispiel mehr an der Straße entlang. Meine Pferde sehen gerne in Hofeinfahrten hinein, beschnüffeln die Mülltonnen… Im Wald wähle ich dann manchmal Wege „abseits der Piste“: schmale Pfade durchs Gestrüpp, Kletterpartien in der Kiesgrube – möglichst legal und abwechslungsreich.

Doch auch ohne Abenteuertouren ist so ein Spaziergang mal etwas anderes. Er trägt auch zur Erziehung bei, denn nicht jedes Pferd geht willig am durchhängenden Führstrick überall hin. Aber jedes Pferd kann es lernen!

Gelegenheit bietet sich auch bei nasskaltem Wetter oder Frost: die Reithalle ist überfüllt oder gar nicht vorhanden, bei einem Ausritt würden Sie auf dem Pferd festfrieren und müssten anschließend das Sattelzeug putzen… gehen Sie doch spazieren! Gönnen Sie Ihrem Pferd die Abwechslung! Je nach Robustheit Ihres Pferdes können Sie es mit einer Regendecke schützen. Und da Sie nebenher laufen, bleiben Sie selbst auch warm. Medistine hat auf solchen Ausflügen gelernt, wie praktisch ein Regenschirm ist. Nachdem er anfänglich Angst vor diesem Ungetüm hatte, auf das der Regen so unheimlich prasselte, begriff er dann doch sehr schnell, dass es einem darunter nicht mehr auf die Ohren regnet! Das heiße Bad zu Hause haben Sie sich dann verdient und auch für Ihre eigene Gesundheit etwas Gutes getan!

T Tipp

Gönnen Sie Ihrem Pferd jedes Jahr einen Weideurlaub! Gehen Sie ab und zu einfach nur mit ihm spazieren!

Fütterung

Pferde haben einen empfindlichen Verdauungstrakt. Daher sollte das Grundfutter, auf das sich die Darmflora eingestellt hat, möglichst gleich bleiben. Doch schon innerhalb dieses Grundfutters kann Eintönigkeit vermieden werden. Ich habe festgestellt, dass Medistine sich gern selber einteilt, in welcher Reihenfolge er sein Kraftfutter frisst. Er stürzt sich zuerst auf den Hafer, zum Schluss kommen die Möhren dran. Wenn es Brot oder einen Apfel gibt, wird das zuerst gefressen! Wenn die Futterkrippe so geformt ist, dass die Möhren immer wieder in die Mitte vor seine Nase rutschen, bevor er den Hafer gefressen hat, kann er regelrecht unwirsch werden. Seit mir das aufgefallen ist, füttere ich unsere Pferde aus großen, flachen Behältern (z. B. Maurertuppen) und mische das Futter nicht, sondern mache ganz bewusst getrennte Haufen der verschiedenen Futtersorten. Auf diese Weise haben die Pferde selbst innerhalb des gleich bleibenden Grundfutters verschiedene Geschmacksrichtungen – wenn sie wollen.
Mit weiteren Zusätzen kann man noch mehr Abwechslung in den Speiseplan bringen. Wenn Ihr Pferd empfindlich ist, fragen Sie Ihren Tierarzt, ob es von den aufgezählten Futtermitteln Verdauungsstörungen oder gar eine Kolik bekommen könnte.
Ich persönlich glaube, dass die Haltungsbedingungen und das seelische Wohlbefinden die Kolikempfindlichkeit eines Pferdes beeinflussen.

LINKS: ***Medistine unterm Regenschirm***

RECHTS: ***So artenreiche Wiesen gibt es kaum noch.***

Möglichst abwechslungsreich

Ich kannte einmal eine Hannoveraner-Stute, die ausschließlich mit Vollpellets, Stroh und nur wenig Heu ernährt wurde. Möhren, Brot, Hafer oder Ähnliches bekam Kalinka nicht. Eines Tages warf jemand einen Apfel in Kalinkas Futterkrippe. Die Stute hatte am gleichen Abend eine schwere Kolik. Ob diese wirklich durch den Apfel ausgelöst wurde, kann ich nicht mit Sicherheit sagen, doch der Verdacht lag nahe. Ich denke, dass eine abwechslungsreiche (nicht chaotische!) und ausgewogene Ernährung das Verdauungssystem stabiler macht. Hätte Kalinka regelmäßig Äpfel, Möhren oder Ähnliches erhalten, wäre das vielleicht nicht passiert?

Lecker! Ab und zu mal ein anderer Geschmack!

Andererseits füttert man natürlich nicht einfach anderer Leute Pferde! Ich habe dem Pony einer Freundin einmal eine rohe Kartoffel gegeben, ohne sie vorher zu fragen. Sie wurde sehr wütend, weil ihr Wallach ihrer Aussage nach sehr kolikanfällig war (trotz Offenstallhaltung, reichlich Heu etc.). Sie hatte natürlich recht, es war gedankenlos von mir! Glücklicherweise ist nichts passiert.
Also überlegen Sie bitte, ob die folgenden Vorschläge auch das Richtige für Ihr Pferd sind. Ziehen Sie notfalls Ihren Tierarzt zu Rate.
Glücklicherweise reagieren die meisten Pferde nicht empfindlich, wenn ihnen neue Sachen angeboten werden – vor allem, wenn es sich um kleine Mengen handelt.
Hier nun einige Beispiele, die Sie Ihrem Pferd (abwechselnd, nicht gleichzeitig!) zum gewohnten Grundfutter geben könnten:

- eine Banane ohne Schale
- eine Birne
- eine rohe Kartoffel
- eine Hand voll Eicheln
- eine Hand voll Erdnüsse, mit oder ohne Schale
- eine Hand voll Hasel- oder Walnüsse, ohne Schale
- eine Hand voll Pflaumen, vorsichtshalber entsteint
- ein Stück der Schale einer Wassermelone (Tipp aus Kalifornien)
- ein kleines Bund Petersilie

Das Angebot an Futtermitteln ist groß.

- einen Arm voll Beifuß zum Heu
- einen Arm voll angewelkter Brennnesseln zum Heu
- eine Hand voll Kräuter, wie z. B. Pfefferminze, Kamille, Salbei, Huflattich, Spitzwegerich, etc., entweder getrocknet aus dem Reformhaus oder aus Teebeuteln oder frisch selbst gepflückt
- ein Teeaufguss, mit oder ohne Honig, übers Kraftfutter oder ins Tränkewasser, ist besonders im Winter eine willkommene Abwechslung.

Dauer der Futteraufnahme

Wie schon gesagt, verbringen Pferde in der Wildbahn oder auf der Sommerweide den größten Teil des Tages mit der Futtersuche und -aufnahme. Bei der Fütterung im Stall oder auf dem Sandauslauf reduziert sich diese Zeit natürlich deutlich.

Es gibt zwar Pferdegruppen, denen man einen großen Rundballen auf die Koppel stellen und sie somit rund um die Uhr mit Heu versorgen kann, doch für alle ist das nicht die ideale Lösung. Zum einen wird leicht mehr Heu in den Dreck getreten als bei der portionierten Fütterung, zum anderen neigen gerade Kleinpferde und Ponys bei dieser Methode zur Verfettung.

Es stellt sich also die Frage, wie wir die Futteraufnahme künstlich in die Länge ziehen können. Wenn Heu und Stroh

Dieses Heunetz hängt zu tief!

gefüttert werden, kann man diese z. B. durchmischen. So sind die Pferde länger beschäftigt, sich zuerst das Heu aus dem Stroh herauszusuchen.
Ein Heunetz verlängert die Fresszeit ebenfalls, da das Pferd vor jedem Bissen die Heubüschel einzeln herauszupfen muss.
Im Fachhandel gibt es mittlerweile einen Heusack und einen Heuball als Weiterentwicklung der handelsüblichen Heunetze.

Andererseits ist die Raufuttergabe vom Boden die gesündeste Art der Fütterung. Die niedrige Kopfhaltung entlastet den Rücken und verhindert, dass zuviel Staub in die Nase oder gar in die Augen kommt, wie es bei Heuraufen oder -netzen der Fall sein kann.
Sinnvoll ist vermutlich eine kombinierte Fütterung: ein Teil vom Boden für die anatomisch richtige Haltung, ein Teil im Heunetz zur längeren Beschäftigung.

Kolik-Gefahr

Ich wurde von einer Freundin gebeten, an dieser Stelle auf die Gefahr einer Sandkolik hinzuweisen. Ihre Stute stand in einem Pensionsstall, in dem das Heu auf der Koppel aus einer großen Rundraufe gefüttert wurde. Der gesamte Auslauf verschlammt im Winter stark. Die Raufe ist unten offen, so dass das

T Tipp

Bei der Fütterung aus einem handelsüblichen Heunetz müssen Sie bedenken, dass dies mit zunehmender Entleerung immer schmaler und länger wird. Das bedeutet, dass man so ein Netz vollgefüllt recht hoch hängen muss um zu vermeiden, dass das Pferd mit einem Bein in das leere Netz tritt und sich verletzt.

Heu direkt auf dem Boden zu liegen kommt. In einem Herbst bekam die Stute eine schwere Kolik, die wohl durch eine Ansammlung von Sand im Darm hervorgerufen worden war. Seither wurden Moppi Leinsamen ins Futter gegeben, die den Darm von eventuellen Sandanhäufungen freihalten sollten. Im Jahr darauf bekam sie dennoch wieder eine Kolik.
Nach gelungener Operation brach sie sich tragischerweise in der Aufwachbox ein Bein. Meine Freundin ließ Moppi dann einschläfern. Diesmal war Sand wohl nicht die Ursache gewesen, dennoch sollte ich hier vor der Fütterung „im Dreck" warnen.

Langsam fressen!

Die Kraftfutteraufnahme zu verlängern ist schwierig. Ein uralter Trick, um gierig schlingende Pferde zu langsamerem Fressen zu zwingen, ist, ein paar große, runde Steine in die Futterkrippe zu legen. Diese Methode befriedigt jedoch nicht das Kaubedürfnis. Ideal ist es daher, Stroh- oder Heuhäcksel unter das Futter zu mischen. Dieses ist leider kaum zu bekommen und mühsam selbst herzustellen.
Besser ist es dann vielleicht, einfach eine Hand voll normales Heu oder Stroh über das Futter zu streuen. Dabei besteht allerdings die Gefahr, dass das Pferd im Fressen derart gebremst wird, dass es frustriert im Futter „herumwirtschaftet" und die Hälfte aus der Krippe

Magere Weiden sind für Pferde ideal.

wirft. Doch probieren Sie es aus! Riesige Möhren, Rote Bete oder Futterrüben, von denen das Pferd wie in einer Zahnpasta-Werbung kraftvoll abbeißen muss, tragen auch zur längeren Beschäftigung mit dem Futter bei. Ebenso ein großer Kanten hartes Brot.
Diese Dinge leisten auch noch einen Beitrag zur Zahnpflege. Sie eignen sich andererseits natürlich nicht für alte Pferde, die nur noch wenig Zahnsubstanz besitzen!

Futterneid

Oft werden unsere Pferde durch Futterneid zum Herunterschlingen des Kraftfutters animiert. Von daher spielen also auch die Umgebung und die Atmosphäre während der Fütterung eine Rolle. Pferden, die in Boxen oder Futterständern dicht nebeneinander gefüttert werden, hilft manchmal eine Sichtblende zu den Nachbarn.

T Tipp

Die Trennwände von Futterständern und Boxen sollten so hoch sein, dass die Pferde sich darüber hinweg nicht gegenseitig beißen können.

Es ist oft üblich, zuerst das Kraftfutter und anschließend das Raufutter auszuteilen. Gesünder und stressfreier ist jedoch die umgekehrte Reihenfolge. Mit den ersten Büscheln Heu im Bach giert man nicht mehr ganz so nach dem Kraftfutter ud hat für dieses schon eine Grundlage.

Stressfrei fressen

Medistine ist ein rangniederes Pferd. Seine Angst um sein Futter ist besonders groß. In einem Offenstall, in dem wir waren, wurden die Pferde zur

Unmittelbar vor der Fütterung können schon mal Aggressionen entstehen.

Medistine bei der Fütterung im Hof, geschützt vor den anderen.

Fütterung von der Koppel geholt, und nebeneinander angebunden. Die Pferde drängelten sich zur Futterzeit stets am Koppeltor. Dabei sortierten sie sich der Rangordnung nach. So blieb Medistine oft als Letzter übrig.
Schließlich konnte ich die Stallbesitzerin davon überzeugen, ihm seine Schüssel weit weg von den anderen in den Hof zu stellen und ihn dann ohne Aufhalftern dorthin wandern zu lassen. Dies bedeutete auch eine Arbeitserleichterung, da ein Pferd weniger angebunden werden musste. Erst bei dieser Fütterung im extremen „Abseits“ gewöhnte Medistine sich im Alter von 19 Jahren an, langsam zu fressen und gründlich zu kauen! Auch bei uns zu Hause habe ich dieses beibehalten. Pepe und Lancelot bekommen ihr Kraftfutter im Durchgang der Scheune (nicht im Schlafbereich!) diagonal versetzt. Medistine bekommt sein Futter in unserem Innenhof, außerhalb der Koppel, und hat alle Zeit der Welt, um aufzufressen. Oft grast er dann noch ein wenig im Hof, bevor er wieder zu den anderen gebracht wird.
Das Rein- und Rausführen funktioniert inzwischen problemlos auf Zuruf ohne Halfter. Wenn die anderen beiden bereits fertig sind, gehen sie zum Heu, könnten aber niemals an sein Futter heran. Ich glaube, das weiß er genau, und er genießt die Extrawurst, im Hof gefüttert zu werden.

Check

Abwechslungsreicher Pferdealltag

- Bekommt Ihr Pferd genügend Bewegung über den Tag verteilt?
- Erhält es geistige Anreize?
- Hat es täglichen Kontakt zu anderen Pferden, ohne ständig traktiert zu werden?
- Bekommt es ausreichend Frischluft, Tageslicht und im Sommer Schatten?
- Darf es mal die Seele baumeln lassen und ganz Pferd sein?
- Erhält es genügend Rauhfutter?
- Bringen Sie manchmal Abwechslung in den Speiseplan?

Leckereien aus der Hand

Ein Pferd ständig mit Leckereien voll zu stopfen, ist ungesund und verdirbt die Erziehung. Doch zugunsten der Abwechslung hat Medistine von mir schon mal Weihnachtsplätzchen, ein Stück Schokolade oder einen Schluck Cola bekommen.
In einem Sommer bin ich oft mit einer Freundin zu einer Eisbude geritten. Das Eis haben wir dann stets unterwegs auf den Pferden gegessen. Diese bekamen immer das letzte Stück der Waffel – und das lernten sie schnell. Sobald sich die Eiskugeln dem Ende näherten und wir anfingen, an der Waffel zu knuspern, blieben die beiden stehen und drehten die Köpfe in Erwartung ihres Anteils. Einmal bremste Medistine sogar aus dem Trab heraus ab, weil er mich in die Waffel beißen hörte. Ich wäre vor Lachen fast vom Pferd gefallen. Eigentlich war das kein erwünschtes Verhalten – streng genommen – ,doch wir buchten das unter harmlos ab und hatten einen herrlichen Sommer!
Wirklich störend wird es, wenn Pferde auf das Knistern von Papier oder Plastik trainiert sind und dann betteln.
Doch solange die Fütterung aus der Hand auf wenige Situationen begrenzt bleibt, macht es allen Beteiligten einfach Spaß und lockert den vielleicht eintönigen Alltag oder die schon verbissen gewordenen Turniervorbereitungen auf. Vielleicht regt es nicht nur die Geschmacksnerven, sondern auch den Geist unserer Pferde an!

Das Pferd allein

Vielleicht halten Sie Ihr Pferd allein am Haus oder bei einem Bauern? Haben Sie darüber nachgedacht, ihm mindestens ein anderes Pferd zur Gesellschaft zu geben? Vielleicht ein Gnadenbrot- oder Pensionspferd, für das Ihnen die Besitzer monatlich ein klein wenig zahlen?

Diese drei sind nicht allein, und doch warten sie auf ihre Freunde, die auf der anderen Koppel sind.

Wenn Sie wirklich keine Möglichkeiten für ein zweites Pferd oder Pony haben, sei es aus finanziellen, arbeitstechnischen oder aus räumlichen Gründen, so müssen Sie sehr erfinderisch sein, um Ihrem Vierbeiner ein einigermaßen gutes Leben zu bieten. Denn artgerecht ist diese Haltung nun einmal unter gar keinen Umständen!

Es gibt von der Berliner Trabrennbahn unzählige Beispiele, wie Pferde mit Ziegen und sogar Kaninchen in ihrer Box Freundschaft geschlossen haben. Das ist sicherlich besser als ganz allein zu sein. Aber möchten Sie sich in Einzelhaft jahrelang nur mit einem Kaninchen unterhalten?

Ein Pferd allein zu halten ist nicht artgerecht. Eine Katze ist nämlich kein Ersatz für andere Pferde.

Das kranke Pferd

Kranke Pferde sind oft zur Bewegungslosigkeit und Einzelhaft verdammt. Leider werden nicht reitbare Pferde manchmal unattraktiv für ihre Besitzer. Dabei braucht gerade ein krankes Tier Pflege und Beschäftigung! Warum sollten Sie Ihrem kranken Vierbeiner weniger Zeit widmen als Ihrem gesunden? Nur weil Sie nicht reiten können? Gehen Sie doch spazieren oder grasen! Wenn sogar das ärztlich verboten ist, ist Ihr Erfindungsgeist gefordert.

Allein im Partyzelt

Die Araberstute einer Freundin hatte sich das Hufbein gebrochen. Sie musste ein halbes Jahr fest in der Box stehen, neigte aber zum Weben! Meine Freundin baute in der Mitte der Sandkoppel ein Partyzelt auf und schloss die Seiten mit E-Draht. In diese Freiluftbox mit Rundumblick kam die Stute. Auf der Sandkoppel musste immer ein anderes Pferd den Babysitter spielen, während die Übrigen auf der Weide waren. Dies alles hielt sie zwar nicht gänzlich vom Weben ab, war aber unter den gegebenen Umständen das Beste, was man dem Pferd bieten konnte.
Beachten Sie aber die leider zunehmenden Unwetter! Gewitterböen übersteht so ein Partyzelt nicht.
In einem Pensionsstall wurde eine Ponystute am Vorderbein operiert und hatte Boxenruhe verordnet bekommen. Für sie wurde ebenfalls ein Partyzelt aufgebaut. Leider klebte diese Stute dermaßen am Herdenchef, dass sie keinen anderen Babysitter akzeptierte. Sie tobte, sobald er außer Sicht ging. Letztlich beschlossen wir mit der Besitzerin, die Stute auf der Weide mitlaufen zu lassen. So ging sie wenigstens nur im Schritt, was bei ihrer sonstigen Faulheit als gesichert galt. Die Alternative wären Beruhigungsmittel gewesen. Da die

Wenn Ihr Pferd einmal allein in der Box bleiben muss, machen Sie ihm den Aufenthalt möglichst angenehm.

Stute stark übergewichtig war, sollte sie sofort nach der Operation abspecken. Nun lief sie aber mit den anderen auf der Weide! Ein aus Leder geflochtener Maulkorb, der eigentlich für Koliker gedacht war, wurde ihr nun den halben Tag umgebunden. Sie bewies eine unglaubliche Geduld, durch das Ledergeflecht einzelne Grashalme zu erhaschen. Sie war mit dieser Lösung zufrieden, was man von der Einzelhaft im Partyzelt nicht behaupten konnte!

Beschäftigung

Sie kennen Ihr Pferd am besten, um zu beurteilen, was ihm bei Krankheit gut tut. Dennoch sollten Sie sich die Zeit nehmen, Ihr Pferd zu beobachten. Vielleicht entwickeln sich die Dinge unvorhergesehen, wie in dem eben geschilderten Fall. Dann sind Ihr Einfühlungsvermögen und Ihre Entscheidungskraft gefragt.
Ich kenne eine Geschichte von einem Mädchen, dessen Pferd sich ein Bein gebrochen hatte. Zur Heilung wurde das Pferd aufgehängt. Das Mädchen brachte ihm in dieser Zeit bei, auf Kommando die Zunge herauszustrecken und zu rollen. Das ist ein wunderschönes Beispiel dafür, wie selbst solch ein Patient noch beschäftigt und angeregt werden kann, wenn man nur will!
Medistine hat die meisten seiner Kunststücke gelernt, während er krank war: Z. B. ein Tuch aus meiner Jackentasche zu ziehen und mir vorsichtig die Handschuhe auszuziehen. Vielleicht nehmen Sie sich nun gezwungenermaßen die Zeit, Ihr Pferd in Ruhe zu massieren und gymnastische Übungen mit ihm zu machen.
(Anmerkung meiner besseren Hälfte an dieser Stelle: Vergessen Sie dabei Ihren Ehepartner nicht!)
Und zu guter Letzt: Alles, was das Wohlbefinden des Pferdes steigert, unterstützt auch den Heilungsprozess!

Maulkorb als Fressbremse

Spielen macht

Spaß

Die Verhaltensforscher sind sich einig: Im Spiel werden Verhaltensweisen für den Ernstfall geübt, beispielsweise Rangordnungskämpfe oder das Beutegreifen. Spielen macht intelligenter. Aus eigener Erfahrung wissen wir, dass Spielen Langeweile vertreibt und Spaß macht. Wahrscheinlich hält Spielen sogar gesund?

Spielen – Wozu?

Unsere Pferde spielen sowohl miteinander als auch mit Gegenständen. Wir müssen nur die äußeren Bedingungen dazu schaffen.
Vielleicht empfinden Sie ein Pferd, das mit Spielzeug spielt, als unnatürlich. Aber fast jede Pferdehaltung und die Nutzung der Pferde sind unnatürlich! In welcher Welt muss ein Pferd heute klar kommen: Straßenverkehr, an der Ecke lauernde Mülltonnen, Hängerfahrten, Regendecken über den Kopf gezogen,... Wenn man nun bedenkt, dass im Spiel Verhaltensweisen für den Ernstfall geprobt werden, dann ergibt das Spiel mit einer Kunststofftonne oder einer Plastikplane wieder Sinn, oder? Scheuen Sie sich nicht, auch einem alten Pferd noch Spielzeug anzubieten.

Spielen ist wichtig

Nach neuesten Erkenntnissen soll das Spielen auf Situationen vorbereiten, in denen ein Lebewesen plötzlich die Herrschaft über seinen Körper verliert. Spielen übt den Umgang mit überrumpelnden Situationen. Ratten, die als Jungtiere nicht spielen konnten, tendieren zum „Ausrasten" bei Überraschung.
Schon ein Spielpartner in der frühen Entwicklung genügt, um diesem Defizit vorzubeugen. Wenn Sie ein einzelnes Fohlen aufziehen, sollten Sie es mindestens für ein paar Monate in eine Herde mit Gleichaltrigen geben.

Womit spielen Pferde?

Zu zweit macht es mehr Spaß!

Spielzeug

Pferde spielen tatsächlich gerne mit Spielzeug. Leider ist es nicht so einfach, herauszufinden, mit welchem Spielzeug. Fast jedes Pferd kaut gerne auf Lederzügeln herum, obwohl (oder gerade weil?) dies unter Strafe verboten ist. Als ich einen alten Steigbügelriemen zu diesem Zweck an den Koppelzaun gehängt habe, wurde er jedoch mit Nichtachtung gestraft. (Versuchen Sie es ruhig dennoch, vielleicht spricht Ihr Pferd darauf an.)

Um unseren Pferden ausreichend Abwechslung im Alltag zu bieten, müssten wir uns entweder sehr viel Zeit nehmen oder sie in großen Herden auf wildbahnähnlichen Weiden halten. Beides überfordert die meisten von uns. Wir können aber Spielzeug anbieten, mit dem sich die Pferde alleine beschäftigen können.

In einem Zoo werden die Schimpansen manchmal aus ihrem Gehege ausgesperrt, dann wird Stroh locker aufgeschüttelt und Obst darin versteckt. Anschließend werden die Schimpansen wieder hereingelassen und begeben sich auf Schatzsuche. Das können Sie auch mit Pferden machen.

Oder Holzröhrchen werden mit Rosinen vollgestopft und an die Affen verteilt. Diese basteln sich einen Zahnstocher und holen mühsam die Rosinen aus dem Röhrchen. So wird die Suche nach Maden nachgeahmt und die Schimpansen sind eine Weile beschäftigt. Wie müssten ähnliche Beschäftigungsmöglichkeiten für unsere Pferde aussehen?

T Tipp

Animieren Sie Ihr Pferd zum Spielen, sowohl mit Artgenossen als auch mit Spielzeug. Es kann dabei einerseits Stress abbauen und sich andererseits auf stressige Situationen vorbereiten.

Safety First

Ich kann nicht genug betonen, dass die Sicherheit aller Beteiligten an oberster Stelle steht! Die Pferde sollen beim Spiel weder sich noch andere verletzen! Das gilt sowohl für das Spielzeug selbst, als auch für die Umgebung, in der gespielt wird. Das Pferd könnte übermütig werden oder sich erschrecken und daher in unvorhergesehener Weise herumspringen. Die Einzäunung sollte sicher sein und es dürfen keine Gerätschaften herumstehen. Obwohl wir stets bemüht sein sollten, unsere Pferde sicherer zu machen, indem wir ein Vertrauensverhältnis aufbauen und ihnen die Welt zeigen, können sie sich doch immer mal unkontrolliert erschrecken.
Auf einem Westernturnier war in einer Trailaufgabe eine Plastikplane rückwärts zu überschreiten. Ein Pferd ließ dabei seine Beine derart schlurfen, dass es die Plane zerriss, mit einem Hufeisen hinterhakte und die Plane mit sich zog. Offenbar war das Pferd mit am Boden liegenden Planen gut vertraut. Als sich diese jedoch nun in Bewegung setzte und das Pferd zu verfolgen schien, geriet es in Panik. Es beruhigte sich erst wieder, als es die Plane und seine Reiterin los war.
Spielzeug sollte daher nicht die Möglichkeit bieten, sich am Halfter oder am Huf festzuhaken oder im Langhaar zu verfangen – besonders wenn die Pferde unbeaufsichtigt spielen.

Tipp T

Wenn ich meinen Pferden Plastiksäcke zum Spielen gebe, bleibe ich grundsätzlich in der Nähe und behalte sie im Auge.

Der Spieltrieb ist nicht immer erwünscht...

Besonders, wenn Sie Spielzeug in der Box anbringen oder ausprobieren wollen, dürfen die Nachbarpferde nicht darunter leiden! Auch ihnen muss die Gelegenheit gegeben werden, sich damit vertraut zu machen. Gehen Sie behutsam vor! Sie machen sich sonst bei Ihren Stallkameraden unbeliebt.

Spielen macht allen Spaß!

Tipp

Der Grundsatz bei jeglicher Beschäftigung sollte lauten: Kein Splittern, kein Hängen bleiben, kein Verschlucken!

Spielzeug für alle

Es kann interessant sein und Spaß machen, ein neues Spielzeug einer Gruppe von Pferden im Auslauf vorzustellen. Man lernt die einzelnen Charaktere besser kennen. Es kann aber sein, dass Ihr Pferd ängstlich oder rangniedrig ist und daher gar nicht an das Spielzeug herankommt.

Knabberäste sollten in genügender Anzahl für alle angeboten werden. Eine Wippe kann wochenlang auf der Koppel bleiben, so dass unsichere Kandidaten genug Zeit haben, ebenfalls zum Zuge zu kommen und vielleicht gerade durch das Vorbild der anderen lernen, dass der Gegenstand ungefährlich ist.

Kurzlebige Sachen, wie z. B. Leckereien in Kartons, geben Sie Ihrem Pferd vielleicht besser getrennt von den anderen, denn solche Dinge rufen schnell Futterneid und Streitereien hervor. Wenn Sie keine Möglichkeit haben, beispielsweise einenRound Pen dafür zu nutzen, so gehen Sie notfalls mit Ihrem Pferd am Führstrick hinter die Reithalle. Und seien Sie nicht entäuscht, wenn Ihr Pferd erst langsam wieder spielen lernt.

Knabbern und nagen bietet Beschäftigung.

Knabberäste

Pferde möchten viele Stunden am Tag kauen. Das macht sie zufrieden und ausgeglichen. Eine besondere Diskrepanz entsteht im Herbst, wenn die Pferde von der Weide geholt und auf eine Fütterung mit zwei Mahlzeiten am Tag umgestellt werden, ihnen die kühlere Witterung aber signalisiert, dass sie sich Speck anfressen sollten. Ein weiterer Härtetest ist das Frühjahr, wenn schon alles grünt, die Weidesaison aber noch nicht eröffnet ist.

Knabberäste sind eine willkommene und kalorienarme Beschäftigung. Gegeben werden können z. B. Birke, Eiche, Obstgehölze, Weide und Kiefer. Kiefer und andere Nadelgehölze (keine Edeltannen!) jedoch wegen der enthaltenen ätherischen Öle nur in Maßen. Eibe ist sogar hochgiftig! Erkundigen Sie sich bei Ihrem Tierarzt oder ziehen Sie Fachliteratur zu Rate!

Tipp

Fragen Sie bei Ihrem Forstamt nach Ästen oder überzähligen Bäumen. Sprechen Sie Freunde und Bekannte an, die Obstbäume besitzen.

Lancelot spielt mit einem leeren Karton.

Leckereien im Karton

In Anlehnung an die Beschäftigung der Zootiere, packte ich ein paar Möhren in geschlossene Kartons. Jedes unserer drei Pferde bekam seinen eigenen. Pepe begann sofort, damit zu spielen und fand per Zufall heraus, was darin war. Lancelot ahmte ihn nach. Medistine fand den Karton uninteressant. Als ich mit den Möhren darin klapperte, glaubte er wohl, dass ich ihn nur von der Ungefährlichkeit des Dinges überzeugen wollte. Erst als er die anderen beiden die Möhren kauen hörte, untersuchte er die Geschichte genauer.
Inzwischen wissen alle drei, dass sie aus den Kartons etwas auspacken können. Ich lege immer nur ein paar Möhren hinein. Die drei sind ungefähr gleich schnell fertig mit dem Auspacken und Auffressen. So kam es bisher nie zu den sonst schnell entstehenden Streitereien. Pepe und Lancelot sind anschließend immer noch damit beschäftigt, die Kartons in kleine Stücke zu zerrupfen. Interessant ist es dabei, die unterschiedlichen Vorgehensweisen zu beobachten. Pepe, der Terminator, geht ziemlich brutal an die Sache heran und ist stets als erster am Ziel. Lancelot lässt sich durch Pepe anspornen. Medistine ist sehr vorsichtig. Ihm gebe ich in der Regel einen Karton, bei dem er den Deckel aufklappen kann, ohne ihn kaputt zu machen (z. B. Schuhkarton). Er stellt sich dabei sehr geschickt an. Da er kein Interesse am anschließenden Zerrupfen hat, kann ich seinen Karton mehrmals verwenden (vorausgesetzt, ich rette ihn vor den anderen).
Passen Sie die ersten Male auf, ob Ihr Pferd vielleicht im Eifer des Gefechts Stücke des Kartons mitfrisst – speziell wenn Äpfel im Karton waren und die Pappe mit Apfelbrei getränkt ist! Ein wenig Pappe dürfte zwar nicht schaden, ist aber nicht Sinn der Übung!

T Tipp

Ich empfehle die Verwendung von Kartons, die nicht getackert, sondern nur geklebt und gesteckt sind. Daran können sich die Pferde kaum verletzen. Unsere haben es bisher noch nicht getan.

Pepe mit Raschelsack

Raschelsäcke

Leere Futter- und Spänesäcke gebe ich meinen Pferden ebenfalls manchmal zum Spielen. Ein bisschen wird damit herumgeschleudert, dann werden kleine Fetzen daraus gemacht. (Diese wieder von der Koppel zu sammeln, ist allerdings äußerst lästig!)
Abgesehen von der Unterhaltung ist es auch eine gute Übung zur Gewöhnung an flatternde und knisternde Planen. Die Pferde sacken sich quasi selbst aus. Der spielerische Angstabbau vor raschelnden Gespenstern war gerade für Lancelot, unserem Jüngsten mit 2,5 Jahren, sehr wichtig. Verstärkt wurde der Effekt noch dadurch, dass Pepe gleichzeitig „mitraschelte". Einerseits war der furchtlose Terminator ein gutes Vorbild, andererseits war Lancelot nicht der einzige, der sich mit den Geistern beschäftigte. Außerhalb seiner Kontrolle wurde neben und hinter ihm ebenfalls geraschelt. Dass Sie nur Säcke verwenden sollten, in denen harmlose Dinge wie Hafer waren, versteht sich von selbst.

Tipp

Sie sollten sicherstellen, dass Ihr Pferd mit dem Sack nur spielt und ihn nicht frisst! Bleiben Sie also mindestens beim ersten Mal dabei und beobachten Sie es genau.

Viele Pferde gehen freiwillig ins Wasser ...

... wenigstens mit der Nase.

Swimming Pool

Gerade im Sommer spielt das eine oder andere Pferd gerne mit dem kühlenden Wasser. Die wasserscheue Sorte spielt nur mit dem Maul im Wasser, die Hartgesottenen planschen mit den Vorderbeinen.

Wenn Sie die Möglichkeit haben, können Sie ein massives Becken aus Beton oder dicker Gummifolie auf dem Auslauf anlegen. Jedoch sollte die Möglichkeit der Reinigung gegeben sein. Ein Abfluss ist recht aufwändig. Einfacher ist es, das Becken so klein und flach zu gestalten, dass es bei trockenem Wetter in ein paar Tagen austrocknet und sauber gefegt werden kann, bevor wieder frisches Wasser eingelassen wird. Eine simple Alternative bieten aufblasbare Kinder-Swimming-pools. Diese sind im Sommer schon für 7,50 € zu haben. Pepe hat leider sehr schnell die aufgeblasenen Ringe zerbissen. Dann werden auf die Dauer auch 7,50 € sehr teuer. Bei Pferden mit Hufeisen besteht die Gefahr des Hinterhakens und Hängenbleibens!

Grube

Um landschaftliche Abwechslung in den Auslauf zu bringen, können Sie auch eine Grube ausheben. Diese muss nicht allzu tief sein. Sie kann entweder flach auslaufend wie eine Mulde geformt sein, oder z. B. mit Bahnschwellen eingefasst werden und damit eine Stufe bilden. Das Durchschreiten der Grube, besonders wenn sie stufig ausgebildet ist, ist eine gute Gymnastizierungs- und Geschicklichkeitsübung.

Ball

Es gibt verschiedene Möglichkeiten, den Pferden das Ballspielen anzubieten. Einen glatten und prall aufgeblasenen Ball können die Pferde mit der Nase oder den Vorderbeinen vor sich herschieben. Ein schlaffer oder gar kaputter Ball kann mit den Zähnen gegriffen und herumgeschleudert werden.

Horseball

Tipp

Damit Sie den Ball sorglos tagelang auf dem Paddock lassen können, sollte er unter dem Zaun hindurch passen oder von einer Holzstange aufgehalten werden. Ein regennasser Ball am E-Zaun leitet Strom! Oder schalten Sie Ihren E-Zaun aus, damit die Pferde keinen ungewollten Stromschlag erhalten.

Geeignet ist auch ein Hüpfball für Kinder. Dabei sollten die Griffe idealerweise als Hörner ausgebildet und aus Gummi sein.
Teile aus hartem Kunststoff, die splittern könnten, und Schlaufen, in denen ein Huf hängen bleiben kann, sollten Sie vermeiden. Der Fachhandel bietet auch einen speziell entwickelten „Horseball“ an.
Ferner gibt es Bälle, die einem Kleinpferd bis zur Brust reichen. Diese können von den Pferden mit dem ganzen Körper über die Koppel geschoben werden. Mit solchen Bällen wird Pferdefußball gespielt und die Pferde entwickeln wohl echte Freude daran. Die in verschiedenen bunten Farben erhältlichen Bälle haben außerdem den nützlichen Nebeneffekt, dass die Pferde ihre Scheu vor grell-bunten Gegenständen verlieren.

Fass / Tonne

Mit einem Fass oder einer Tonne spielen Pferde genauso wie mit einem Ball. Der Behälter sollte rundum geschlossen, ohne scharfe Kanten und möglichst aus Kunststoff sein. Der Kunststoff sollte stabil und zäh sein, damit er nicht splittert. Solche Tonnen sind bei Industrieunternehmen, z. B. Kosmetik- oder Lebensmittelbetrieben, erhältlich – oft kostenlos. In Baumärkten erhältliche Regen- oder Abfalltonnen sind in der Regel nicht geeignet, da sie splittern. An dem Fass können Sie noch Schlaufen aus stabilem Seil anbringen, in die das Pferd hineinbeißen kann. Achten Sie aber darauf, dass diese klein oder flach genug sind, so dass kein Huf darin hängen bleiben kann.
Um Abwechslung in die Sache zu bringen, können Sie die Tonne auch mit „Musik“ bestücken. Legen Sie abwechselnd leere Konservendosen, Holzstücke, kleine Steine, Glöckchen oder... oder... hinein. Ihrer Phantasie sind keine Grenzen gesetzt!
Denken Sie dabei jedoch an Ihre Nachbarn. Dieses Spiel sollte nicht in Lärmbelästigung ausarten!

Stabile Tonnen eignen sich als Ballersatz.

Podest / Treppe

Pferde stehen gerne erhöht, auch wenn es sich nur um 20 cm handelt. Euro-Paletten eignen sich hervorragend zum Bau eines Podestes. Auf die Oberseite der Palette nageln oder schrauben Sie noch zusätzliche Bretter, so dass das Podest tragfähig genug wird. Wenn Sie das Podest zur freien Verfügung in den Auslauf stellen wollen, so bemessen Sie die Tragfähigkeit für das schwerste Pferd der Gruppe! Die Bretter sollten so dicht nebeneinander liegen, dass kein Huf dazwischen passt. Hierbei denken Sie bitte an das kleinste Pferd der Gruppe und an zu erwartende Fohlen. Sicherheitshalber habe ich die Seiten ebenfalls mit Brettern geschlossen. Holzschutzmittel verlängern das Leben des Podestes erheblich. Verwenden Sie gesundheitlich unbedenkliche Mittel

und lassen Sie sie gut eintrocknen, bevor die Pferde damit in Berührung kommen.
Achten Sie beim Bau darauf, dass keine scharfen Kanten entstehen und keine Schrauben oder Nägel herausstehen. Kontrollieren Sie in Zukunft regelmäßig, ob sich bei der Benutzung Bretter, Schrauben oder Nägel gelockert haben und eine Verletzungsgefahr darstellen.
Aus mehreren Paletten lässt sich eine Siegertreppe zusammenzimmern. Die Vorgehensweise ist die Gleiche wie beim Podest. Hier halte ich es jedoch wirklich für wichtig, dass auch alle Seiten geschlossen werden.

Kombination aus Wippe und Podest

Wippe

Die Wippe ist das Podest für Fortgeschrittene, denn der Boden unter den Füßen bewegt sich! Sie können Ihr Pferd an der Hand an das Bodenhindernis gewöhnen, oder es dieses selber erkunden lassen. Die Wippe sollte aus sehr starken Bohlen (ca. 4 cm) bestehen. Die Länge beträgt idealerweise mindestens zwei Pferdelängen. Je breiter die Wippe ist, desto geringer ist die Gefahr, dass das Pferd seitlich abrutscht. Die meisten Pferde laufen zunächst nicht korrekt in der Mitte der Wippe, selbst wenn sie geführt werden. Beim freien Spiel laufen sie auch schon mal quer oder diagonal darüber.
Wenn jedoch die Kanten etwas abgerundet oder angefasst sind und keine Nägel oder große Holzsplitter herausstehen, so ist so ein Abrutschen nicht tragisch.
Das Nervenkostüm der Pferde wird gestärkt, wenn sie erfahren, dass dieser kippende Untergrund keine Gefahr darstellt. Sie können mit Ihrem Pferd auch das Wippen üben. Wenn Sie es über den Kipppunkt der Wippe stellen, so können Sie mit einem Schritt vor- und zurückwippen. Wenn Sie die perfekte Position finden, reicht schon ein Verlagern des Körpergewichtes aus. So manches Pferd wurde schon dabei beobachtet, wie es sich ganz ohne menschliches Zutun auf die Wippe stellte, den Kipppunkt fand und wippte!

Beispiel für eine stabile Wippe

Machen Sie Ihr Pferd vorher mit Luftballons vertraut.

T Tipp

Ich glaube, dass das Spielen auf dem Podest, der Treppe und der Wippe auch Pferden hilft, die Angst vor der schrägen und dröhnenden Hängerrampe haben.

Berg

Auf einem Pferdehof in Berlin-Rudow habe ich zum ersten Mal gesehen, dass Pferde sich zu gerne auf einen Berg stellen. Der Hofbesitzer hatte den Sand, glaube ich, eigentlich anfahren lassen, um den alljährlichen Schlamm auf der Koppel zu bekämpfen. Irgendwie kam es aber nie dazu, dass dieser Sandberg verteilt wurde. Die Pferde stellten sich mit Begeisterung darauf und liefen im Spiel immer wieder darüber hinweg.

Schließlich hatte sich der Berg, der inzwischen noch ca. 1m hoch und 4m lang war, derart festgetreten, dass niemand mehr an das Verteilen des Sandes dachte. Damals war mir aufgefallen, dass die Pferde scheinbar einfach gerne auf diesem Berg stehen. Leider handelte es sich um die Nachbarkoppel und nicht um die, auf der sich Medistine tummelte. Seit damals habe ich mir für Medistine auch einen Berg gewünscht. Heute ist Medistine 22 Jahre alt und wir haben nun endlich einen kleinen Berg aufgeschüttet. Leider nutzt Medistine ihn gar nicht. Ich vermute, dass ihm der Berg zu klein ist. Die Kuppe reicht nicht ganz aus, um mit allen Vieren darauf zu stehen. Pepe und Lancelot nutzen den Berg dagegen um so mehr. Daher wird sich die Kuppe noch verbreitern. Zusätzlich nutzen die beiden den Berg noch, um um ihn herumzutoben. Am besten eignet sich lehmhaltiger Boden.

Quietschtier

Die Frau in dem Zoogeschäft bot mir eine Probepackung Hundefutter an, als ich bei ihr Hundespielzeug kaufte. Als ich ihr erklärte, dass wir keinen Hund haben, sondern das Spielzeug für die Pferde brauchen, war sie etwas irritiert…

Ich habe einen sehr stabilen Quietschknochen für große Hunde gekauft. Pepe war begeistert! Sehr zu meiner Erleichterung war nach 1,5 Tagen die Quietschdüse kaputt, denn es hörte sich an, als ob die Pferde eine Maus quälen. Dennoch nehmen Pepe und Lancelot den Knochen gerne ins Maul, tragen ihn herum und spielen damit. Sie stellen sich auch immer wieder bewusst mit einem Bein darauf. Daher sollte das Spielzeug wirklich stabil sein. Nicht so stabile Quietschtiere können in Leder oder Jeansstoff eingenäht werden. Offensichtlich macht es den Pferden Spaß, Töne zu erzeugen. Vielleicht ist es sogar eine bewusstseinserweiternde Erfahrung? Henry Blake hat in seinem Buch von einem Pferd berichtet, das in seiner Box immer wieder die Glasscheibe des Fensters mit der Nase kaputt gedrückt hat, ohne sich zu verletzen. Die noch im Rahmen hängenden Stücke stieß es dann nacheinander heraus und lauschte mit schräg gelegtem Kopf dem Klingeln, wenn sie auf den Boden fielen. Bereits in diesem Buch hat der Übersetzer darauf hingewiesen, dass keine zerbrechlichen Glasscheiben in erreichbarer Nähe von Pferden angebracht werden sollten! Dennoch ist dies ein schönes Beispiel für den Spaß von Pferden am Erzeugen von Tönen.

LINKS: ***Je mehr ein Pferd kennt, desto unerschrockener wird es.***

RECHTS: ***Lancelot mit Quietschtier***

Lancelot mit Windspiel nach einer Operation in der Notbox

Glocke

Da Pferde also offensichtlich Spaß an Tönen haben, das Quieken der Quietschtiere aber sehr nervtötend sein kann, habe ich über angenehmere Klänge nachgedacht. Glocken, Windspiele oder Klanghölzer kommen dabei in die engere Wahl. Sie müssen so angebracht sein, dass die Pferde nichts abreißen oder abbeißen können, dennoch aber relativ bequem herankommen. Am ehesten lässt sich dieses Problem lösen, indem Glocke oder Windspiel mit einem Seil betätigt werden und nur das Seilende für die Pferde erreichbar ist. Damit die vierbeinigen Musikliebhaber nicht die ganze Konstruktion aus der Wand reißen, hängen Sie das Seil separat neben die Glocke. So können Sie es beliebig stabil verankern. Es muss jedoch so dicht neben der Glocke angebracht werden, dass es sie beim Schlenkern des Seiles berührt und damit läutet.

Vielleicht macht das Begreifen des Zusammenhanges zwischen einer Aktion, dem Schlenkern des Seils, und dem erzielten Resultat, dem Glockenton, das Pferd intelligenter und sich selbst bewusster. Die meisten Pferde erschrecken sich anfangs, wenn sie auf eine Plastikplane treten und diese knistert. Sie müssen erst lernen, dass dieses

W Wichtig

Für Quietschtier, Glocke und Rassel gilt: Denken Sie dabei an Ihre Nerven, die der anderen Pferde und die Ihrer Nachbarn! Bei allzu großer Begeisterung sollten Sie die Benutzung der „Musikinstrumente" reglementieren, z. B. eine Stunde am Tag oder 1 Tag in der Woche.

Knistern durch sie selbst hervorgerufen und sogar von ihnen kontrolliert wird, denn wenn sie sich nicht bewegen, entsteht auch kein Geräusch.

Rassel

Eine Rassel befriedigt ebenso wie die beiden zuvor genannten Beispiele das Bedürfnis, Geräusche zu produzieren. Nehmen Sie einen möglichst stabilen Behälter aus Kunststoff, z.B. einen Kanister, und füllen Sie ihn mit Steinen oder x-beliebigen Geräuscherzeugern. Die große Variante der Rassel stellt das mit Steinen gefüllte Fass dar.

Abwechslung

Pferde sind wie Kinder. Ein neues Spielzeug wird begeistert aufgenommen, doch mit der Zeit können sie das Interesse daran verlieren. Variieren Sie daher das Spielzeug. Ein Ball, der langweilig geworden ist, wird für ein paar Wochen von der Koppel entfernt und dann erneut angeboten. Stellen Sie nicht alles Spielzeug gleichzeitig zur Verfügung, sondern im Wechsel. Nehmen Sie auch die Wippe oder das Podest mal für eine Weile weg, nutzen Sie diese Zeit zum Reparieren oder für einen neuen Anstrich, vielleicht eine andere Farbe?

Sorgen immer für Abwechslung: Knabberäste

Zeigen Sie Ihrem Pferd das neue Spielzeug.

Geschicklichkeits-training

Falls Sie Ihr Pferd auf einem Auslauf halten, hat es vermutlich mit den anderen Pferden einige Lieblingstrampelpfade, die immer wieder benutzt werden. Legen Sie doch mal ein paar Stangen in den Weg oder bauen Sie eine Gasse. Straßenhütchen und Tonnen eignen sich auch für eine Gasse oder sogar einen Slalom. So sind die Pferde gezwungen, mal wieder hinzuschauen und bewusst ihre Füße zu setzen.

Je unruhiger die Gruppe ist, desto mehr müssen Sie darauf achten, dabei Fluchtwege und Platz für Rangeleien freizuhalten.

Denn wenn ein Pferd nicht in Ruhe über die Hindernisse geht, sondern im Spiel oder Streit auf eine Stange tritt, könnte es sich verletzen.

Laufen die Pferde auf einem Treibweg zur Weide? Bauen Sie doch einen kleinen Sprung auf. Dieser kann die gesamte Wegbreite einnehmen, so dass die Pferde springen müssen. Er kann aber auch nur als Angebot dastehen, so dass an der Seite Platz zum Ausweichen gegeben ist. So kann der eine oder andere ab und zu im Übermut darüber hopsen, wer keine Lust hat, beispielsweise die steifen Rentner oder kranke Pferde, können außen vorbeilaufen. Vielleicht beginnen Sie mit einer am Boden liegenden Stange und steigern allmählich auf ca. 60cm (ungefähr Ihre Kniehöhe). Turniercracks und sehr große Pferde können natürlich auch höher springen... so lange es ihnen Spaß macht!

Seien Sie **erfinderisch!**

Solange Sie die Sicherheitsregeln „Kein Splittern, kein Hängen bleiben, kein Verschlucken!“ beachten, sind Ihrer Phantasie für Pferdebeschäftigung keine Grenzen gesetzt. Nach diesen Anregungen entwickeln Sie vielleicht eigenes Spielzeug, das Ihrem Pferd Spaß macht. Jetzt, da Sie für dieses Thema sensibilisiert sind, kommen Sie womöglich durch Beobachtung Ihres Pferdes auf neue Ideen.
Vor ein paar Monaten nahm ich mit Lancelot an einem Wochenendlehrgang mit Peter Kreinberg teil. In der Mittagspause ließ ich Lancelot frei in der Reithalle laufen. Er angelte sich die Stoff-

LINKS: ***Pferde, die Planen aus dem Auslauf kennen, haben auch keine Angst beim Darüberreiten.***

RECHTS: ***Wer im Auslauf Spaß am Springen hat, springt auch gern mit Reiter.***

Wir können uns viel mit unseren Pferden beschäftigen und viel erreichen...

kuh von der Bande herunter, die zu der Cutting-Maschine gehörte, und spielte ein bisschen damit. Ich habe ihm bisher noch keine Kuh genäht, aber warum sollen Pferde in einer Reithalle oder bei trockenem Wetter nicht auch mit Stofftieren spielen? Jeansstoff oder Sackleinen dürfte sich eignen. Wie reagieren die Pferde wohl auf ein Stoffpferd in Größe eines Shetties? Aber bei allem Ideenreichtum sollten Sie darauf achten, dass Sie in Zukunft noch von Ihren Nachbarn und Stallkameraden gegrüßt werden...

Schlusswort

Wir haben uns unsere Pferde aus rein egoistischen Gründen angeschafft. Wir wollen sie reiten, pflegen, lieb haben, mit ihnen Turniere gewinnen, die Natur genießen,...
Wir bestimmen ihren Tagesablauf und ihr Leben. Die Pferde haben uns nicht darum gebeten.
Da wir von den Pferden etwas wollen, sollten wir ihnen im Gegenzug auch etwas dafür geben: ein möglichst artgerechtes Leben!
Zugegeben, selbst gebasteltes Spielzeug kostet im ersten Moment etwas Zeit und Mühe. Noch mehr der Umzug in einen pferdegerechteren Stall. Doch die Pferde danken es uns mit Gesundheit, größerer Ausgeglichenheit und wacherem Geist. Wenn wir uns mehr Gedanken um den Tagesablauf unserer

... doch das Leben in einer solchen Herde ist nicht zu ersetzen.

Pferde machen und diesen Stück für Stück pferdegerechter gestalten, werden wir selber im Gegenzug von der Verpflichtung entbunden, uns mit den Pferden beschäftigen zu müssen. Unser schlechtes Gewissen wird entlastet, wenn es im Büro wieder mal länger gedauert hat und wir nur noch schnell longieren oder heute gar nicht mehr zum Pferd fahren.

Nehmen Sie sich die Zeit, noch einmal kurz am Koppelzaun oder an der Boxentür zu verweilen, bevor Sie gehen. Hatte das Pferd einen schönen Tag und ist es bis morgen gut versorgt? Seien Sie dann mit sich und der Welt zufrieden und lassen Sie Ihre Seele baumeln, während Ihr Pferd am Heu kaut! Wenn ich glaube, dass es meinen Pferden gut geht, so geht es auch mir gut!

Ich hoffe, dass ich Sie mit diesem Buch zum Nachdenken über das Leben Ihres Pferdes angeregt habe – und vielleicht sogar eine Hilfestellung gebe, wie diese Verantwortung zu tragen ist.

Schön, wenn Ihr Pferd mit Ihnen spielen kann!

Zum Weiterlesen

Bücher

Bender, Ingolf:
Praxishandbuch Pferdefütterung. Kosmos Verlag, Stuttgart, 2001.

Bender, Ingolf:
Praxushandbuch Pferdehaltung. Kosmos Verlag, Stuttgart, 1999.

Bender, Ingolf:
Praktische Pferdehaltung. Pferde optimal versorgt – in Auslauf, Stall und Weide. Kosmos Verlag, Stuttgart, 2002.

Braun / Borelle:
Bea Borelles Pferdetraining. Bewusst – befähigt – begeistert. Kosmos Verlag, Stuttgart 2002.

GaWaNi Pony Boy:
Horse Follow Closely.Indiansiches Pferdetraining - Gedanken und Übungen. Kosmos Verlag, Stuttgart, 2002.

Hoffmann, Marlit:
Marlit Hoffmanns neue Tricks. Profi-Tipps zur besseren Pferdehaltung. Kosmos Verlag, Stuttgart 2001.

Kreinberg, Peter:
Grundkurs Westernreiten. Kosmos Verlag, Stuttgart 2002.

Rashid, Mark:
denn Pferde lügen nicht. Kosmos Verlag, Stuttgart, 2002.

Rakow, Michael:
Die homöopathische Stallapotheke. Kosmos Verlag, Stuttgart 2002.

Spilker, Imke:
Selbstbewußte Pferde, Wie Pferde ihre eigenen Übungen und Lektionen entwickeln. Kosmos Verlag, Stuttgart 2000.

Tellington-Jones, Linda:
TTouch und TTeam für Pferde. Kosmos Verlag, Stuttgart 2002.

Welz, Heinz:
Pferdeflüstern kann jeder lernen. Die erfolgreichsten Joining-techniken Schritt für Schritt. Kosmos Verlag, Stuttgart 2002.

Videos

Gohl, Christiane:
Pferde richtig verstehen. Vertrauter Umgang ohne Probleme.
Kosmos Verlag, Stuttgart 1994.

Tellington-Jones, Linda:
Die Persönlichkeit Ihres Pferdes. Kosmos Verlag, Stuttgart 2000.

Kreinberg, Peter:
Grundkurs Westernreiten. Kosmos Verlag, Stuttgart 2002.

Nützliche Adressen

Deutsche Reiterliche Vereinigung (FN)
Freiherr-von-Langen-Str. 13
48231 Warendorf
Tel. 02581-63620
Fax 02581-62144
fn@fn-dokr.de
www.fn-dokr.de

FS Reit-Zentrum Reken
Frankenstr. 37
48734 Reken
Tel. 02864-2434
Fax 02864-5860
fs.reitzentrum@t-online. de
www.fs-reitzentrum.de

TTEAM
Deutschland
Bibi Degn
Hassel 4
57589 Pracht
Tel. 02682-88 86
Fax 02682-66 83
www.tteam.de

TTEAM® Österreich
Ruth & Martin Lasser
Anningerstr. 18
A – 2353 Guntramsdorf
Tel. 02236-47 000
Fax 02236-47 070
tteam.office@aon.at

T.T.E.A.M.® News International – der sehr empfehlenswerte Newsletter mit Linda Tellington-Jones und vielen aktuellen Informationen und Artikeln zu TTouch und TTEAM erscheint 4x im Jahr auf Deutsch und kann über www.tteam.de bestellt und abonniert werden.

Vereinigung der Freizeitreiter in Deutschland e.V. (VFD)
Am Bauernwald 5b
81739 München
Tel. 0171-4201521
Fax 089-60608123
bundesvorstand@vfdnet.de
www.vfdnet.de

Register

Impressum
Umschlag von eStudio Calamar unter Verwendung von vier Farbfotos von Angelika Schmelzer, Bruchweiler (großes Foto), Lothar Lenz, Cochem (kleines Foto). Barbara Schulz, Mörz (kleine Fotos).
Mit 65 Farbfotos.

Bibliographische Information Der Deutschen Bibliothek:
Die Deutsche Bibliothek verzeichnet diese Publikation in der Deutschen Nationalbibliografie; detaillierte bibliografische Daten sind im Internet über http://dnb.ddb.de abrufbar.

Gedruckt auf chlorfrei gebleichtem Papier

ISBN 3-440-09312-3
Redaktion: Silke Behling
Gestaltungskonzept: eStudio Calamar
Gestaltung & Satz: Atelier Krohmer, Dettingen/Erms
Produktion: Kirsten Raue, Claudia Kupferer
Reproduktion: Repro Schmidt, Dornbirn
Printed in Germany / Imprimé en Allemagne
Druck und Bindung: Westermann Druck GmbH, Zwickau

Bildnachweis
Alle Fotos von Lothar Lenz, Cochem (49) außer Barbara Schulz, Mörz, und Horst Reinken, Berlin (S. 8, 9, 13 o., 31 l., 37, 41, 42, 48, 49, 50 u., 51, 55 re., 56), Christof Salata / Kosmos (S.43, 58, 59), Sabine Stuewer, Darmstadt (Innenklappe), Gaby Kärcher / Sorrel, Ebersbach (Innenklappe).

Alle Angaben in diesem Buch erfolgen nach bestem Wissen und Gewissen. Sie entbinden den Pferdehalter nicht von der Eigenverantwortung für sein Tier und können insbesondere die tierärztliche Untersuchung und Behandlung nicht ersetzen.